Julius Lehr

Abriss der Finanzwissenschaft

Julius Lehr

Abriss der Finanzwissenschaft

ISBN/EAN: 9783743315372

Hergestellt in Europa, USA, Kanada, Australien, Japan

Cover: Foto ©Suzi / pixelio.de

Manufactured and distributed by brebook publishing software
(www.brebook.com)

Julius Lehr

Abriss der Finanzwissenschaft

Abriß

der

Finanzwissenschaft

von

Dr. Julius Lehr.

(Als Manuskript gedruckt.)

Münden, 1872.

Verlag von Hans Augustin.

Vorwort.

Nachstehender „Abriß der Finanzwissenschaft" hat den Zweck, die Stelle eines Heftes bei meinen Vorlesungen an der hiesigen Forstakademie zu vertreten. Aus diesem Grunde ist die Domänenfrage, wie auch die Theorie der Grundsteuer etwas ausführlicher behandelt worden als die der übrigen Faktorensteuern, der Aufwandssteuern u. s. w.

Münden, im August 1872.

Julius Lehr.

Inhaltsverzeichniß.

Vierter Theil.

Einleitung.

I. Begriff.

Zur Lösung der ihm zustehenden Aufgaben und zur Erhaltung seiner eigenen Existenz bedarf der Staat einer regelmäßig fließenden Summe von materiellen Mitteln, deren Beischaffung bei nur einigermaßen im Gebiete der Staatswirthschaft durchgeführter Arbeitstheilung eigenen Organen übertragen ist. Diesen Theil der staatswirthschaftlichen Thätigkeit, welchem der Erwerb und die Verwaltung der zur Deckung des Staatsbedarfes nöthigen Mittel obliegt, nennt man Finanzverwaltung.

Dieselbe schließt sich, da die ganze Staatswirthschaft überhaupt nur eine einheitliche sein kann, eng an die Verwendung des Staatseinkommens an.

„Die systematische Darstellung der Grundsätze und Regeln, welche die Regierung bei der Aufbringung und Verwaltung der Mittel zur Deckung des Staatsaufwandes zu beobachten und anzuwenden hat, wenn sie ihre Aufgaben in möglichster Berücksichtigung aller öffentlichen Interessen lösen soll, nennt man Staatsfinanzwissenschaft" (v. Jakob).

(finatio, financia, financia pecuniaria, finis; finden, schwed.: finna.)

II. Der Unterschied der Staatswirthschaft und der Privatwirthschaft auf dem Gebiete der Finanzverwaltung.

Beide unterscheiden sich wesentlich durch die Art des Erwerbes, sowie dadurch, daß die privatwirthschaftliche, das Wohl Anderer nicht berücksichtigende, Tendenz der unbeschränkten Vermögensansammlung der Staatswirthschaft fremd zu bleiben hat.

III. Das Verhältniß der Staatswirthschaft zu Umfang und Inhalt der Finanzverwaltung.

[Die centralisirende und decentralisirende Richtung; die „ausdehnende und die einengende Staatsthätigkeit" (A. Wagner).

Provinzial=, Kreis= und Gemeindeverwaltung und deren Verhältniß
zur Staatswirthschaft.]

IV. Der Einfluß einer geordneten Finanzverwaltung auf das Gesammtwohl.

Die Finanzverwaltung bildet ein wichtiges Glied in der ganzen
Kette der staatswirthschaftlichen Funktionen. Störungen, welche im
Finanzwesen eintreten, machen sich deshalb in empfindlicher Weise
auf dem gesammten Gebiete der Staatsthätigkeit bemerklich, zumal
wenn diese Störungen chronischer Natur geworden sind. Sie ver=
hindern eine vollständige Erfüllung des Staatszweckes und üben
schon insofern einen schädlichen Einfluß auf das Wohl des Gan=
zen aus.
(Sittlichkeit, Moral und Plusmacherei.)

V. Geschichtliches.

(Die Staatswirthschaft der Jetztzeit im Gegensatz zu der=
jenigen des 17. und 18. Jahrhunderts. Die privatwirthschaftlichen
Tendenzen der Letzteren gipfeln in dem Satze: „Die Aufgabe des
Cameralisten ist: Vermehrung der Einkünfte des Fürsten." Darjes,
Erste Gründe der Cameralwissenschaft. 2. Aufl. von 1768 § 19.)

VI. Literatur.

v. Jakob, Die Staatsfinanzwissenschaft. Halle, 1821. 2. Aus=
gabe von Eiselen 1837.
Behr, Die Lehre von der Wirthschaft des Staates. Leipzig, 1822.
v. Malchus, Handbuch der Finanzwissenschaft und Finanzver=
waltung. Stuttgart, 1830.
Umpfenbach, Lehrbuch der Finanzwissenschaft. Erlangen, 1859
und 1860.
Stein, Lehrbuch der Finanzwissenschaft. Leipzig, 1860.
C. J. Bergius, Grundsätze der Finanzwissenschaft mit besonderer
Beziehung auf den preußischen Staat. Berlin, 1865. 2. Aufl.
Daj. 1871.
K. H. Rau, Lehrbuch der politischen Oekonomie. Dritter Band,
Finanzwissenschaft, 6. Ausgabe, bearbeitet von A. Wagner
Leipzig und Heidelberg 1871. (Bis jetzt sind nur die beiden
ersten Abtheilungen erschienen. Vorzüglich.)

Erster Theil.
Von den Staatsausgaben.

I. Im Allgemeinen.

1. Begriff.

Unter Staatsausgabe ist diejenige Verwendung von Sachgütern zu verstehen, welche einen Staatszweck zu erfüllen bestimmt ist.

2. Die Frage der Zweckmäßigkeit.

Die Unterscheidung zwischen nothwendigen, nützlichen und schädlichen Staatsausgaben (Berginé) ist durchaus relativ. Nothwendig und nützlich und demnach auch zweckmäßig sind alle Ausgaben, welche dem Staatszwecke entsprechen. Die vielfach beliebte Gegenüberstellung von „produktiven und unproduktiven Ausgaben" ist unzulässig, sobald unter den ersteren nur diejenigen verstanden werden, durch welche materielle Erfolge direkt erzielt werden; denn jede Staatswirthschaft ist schon an und für sich als Wirthschaft produktiv. Die Verwendung der Staatsausgaben muß unbedingt mit den allgemein wirthschaftlichen Regeln und insbesondere mit denen der Staatswirthschaft im Einklang stehen.

3. Eintheilung der Staatsausgaben.

Zu unterscheiden sind:

A. in materieller Beziehung die Geld- und die Naturalausgaben,

B. in formeller Beziehung:

a. Die ordentlichen Ausgaben, d. s. diejenigen in bestimmten Zeitabschnitten wiederkehrenden Ausgaben, bei welchen die Zeit, in der das Bedürfniß eintritt, voraus zu bestimmen ist. Sie zerfallen wieder, je nachdem sie von gleichbleibender oder von schwankender Größe sind, in ständige und unständige Ausgaben.

b. Die außerordentlichen Ausgaben, bei denen die eben erwähnte Bedingung nicht eintritt. (Die Bedeutung des Reservefonds, der Anlehen rc.)

4. Die Feststellung der erforderlichen Ausgaben.

(Das stabile und das jährlich bez. von Finanzperiode zu Finanzperiode wechselnde Budget. Ausarbeitung und Kontrole desselben.)

5. Das Gleichgewicht zwischen Staatsausgaben und Staatseinnahmen.

(Das Deficit der einzelnen festgesetzten Positionen der Spe-cial=Etats und das Virement. Das chronische Deficit des gesamm-ten Staatshaushaltes und der Einfluß desselben auf das materielle und geistige Wohl des Volkes.)

II. Die Staatsausgaben im Einzelnen.

1. „Ausgaben für die verfassungsmäßige, oberste Centralleitung" (Rau).

A. Für den Regenten (Monarchen, Präsidenten). Die deutschen Fürsten bestritten früher die Ausgaben für ihre Hofhaltung aus ihrem Privatvermögen. (Staatsform, Staatsvermögen und Aufwand der damaligen gegenüber der Jetzt=Zeit u. s. w.)

In den constitutionellen Staaten der Gegenwart ist dem Re-genten entweder der Ertrag bestimmter Güter überwiesen, oder es sind solche Güter von den Domänen ausgeschieden und dem Hofe zur Verwaltung auf eigene Rechnung überlassen, oder endlich es wird ihm eine gewisse Quote der flüssigen Staatseinnahmen, eine Civilliste, zugestanden. Dieselbe wird entweder auf die Dauer einer Finanzperiode, auf Lebenszeit oder für immer festgesetzt.

(Preußen gegenüber England und einigen kleineren deutschen Staaten. Gesetz vom 17. Januar 1820, vom 30. April 1859 und vom 27. Januar 1868, nach welchen die Einnahmen des kgl. Hauses auf 4,073,099 Thlr. festgesetzt sind.)

(Die Apanagien. Die verschiedenen Principien bezüglich der Feststellung derselben.)

B. Für die Volksvertretung. (Reichstag, Abgeordneten-häuser zc.) Die hierher gehörigen Ausgaben bestehen in Diäten, Gehalten für bleibend angestellte Personen, Kosten für Unterhaltung von Gebäuden u. s. w.

2. „Regierungsausgaben" (Rau).

Bezüglich der Anstellung der zur Erfüllung des Staatszweckes thätigen Beamten werden nicht überall gleiche Principien befolgt. In Deutschland sind die Beamten gewöhnlich berufsmäßig ausge-bildete Organe, welchen mit der Anstellung ein Rechtsanspruch auf Amt und Gehalt erwächst. (Anders in Frankreich, der Schweiz und England.)

(Bemessung und Abstufung der Gehaltssätze; Pension und Wittwengehalt rc.)

Die einzelnen Regierungszweige, für welche obige Ausgaben erfolgen, sind:

a. Die Rechtspflege (Justizministerium und dessen Ressort).

b. Das Militärwesen (Kriegsministerium, Flotte, Landheer),

c. Die Vertretung des Staates nach Außen (Ministerium des Aeußeren, Gesandtschaften, Consulate rc.)

d. Die Finanzverwaltung (Finanzministerium, Kassenbeamte rc.)

e. Das Gebiet der sog. inneren Verwaltung (Ministerium des Inneren, des Handels, Ackerbaues, des Unterrichts rc.; Kultus, Medicinalwesen, Industrie, Polizei, Armenpflege, Kommunikationsmittel rc.)

Zweiter Theil.
Von den Staatseinnahmen.

I. Allgemeine Betrachtung der Staatseinnahmen.

(Die Nachhaltigkeit derselben; die Unterschiede zwischen den staatswirthschaftlichen und den privatwirthschaftlichen Principien. Das Staatsvermögen und das sog. Volksvermögen.)

II. Geschichtliches.

Die Staatseinnahmen bestanden in Deutschland früher meistens aus den Domanialeinkünften und aus direkten Leistungen der Staatsangehörigen (Naturalien). Als die Reichsgüter mehr und mehr zusammenschmolzen, wurde das entstandene Deficit im Wesentlichen durch Einnahmen aus Regalien und Gebühren gedeckt (Zölle, Wegegelder, Friedensgelder, Bannbußen rc.). Bei einer Landesnoth wurde auf die Stifte, Klöster, Grafen und königlichen Vasallen ein Tribut ausgeschrieben (die Repartition).

(Die Nothbeden und die den Landesherren bei Gewährung derselben abgedrungenen Reverse. Die Reichseinnahmen gegenüber den grund- und landesherrlichen Einnahmen rc.)

III. Eintheilung der Staatseinnahmen.

Dieselben sind:

1. außerordentliche, wie Subsidien, Schenkungen, Erbschaften, Kriegskontributionen rc.

2. ordentliche, d. h. solche, „welche ihrer Natur nach einer regelmäßigen Wiederholung von Periode zu Periode dauernd fähig sind" (A. Wagner). Als die vornehmsten Quellen der ordentlichen Staatseinnahmen sind in Deutschland gegenwärtig die Domänen, Regalien, Gebühren und Steuern zu betrachten, von denen die drei ersteren bei zunehmender Landeskultur und steigendem Staatsbedarf den Steuern gegenüber mehr und mehr in den Hintergrund treten.

Erster Abschnitt.
Die Domänen als Quellen von Staatseinnahmen.
I. Begriff und Wesen.

„Unter Domänen versteht man dasjenige Eigen=thum des Staates, welches derselbe mit gleichen Rechten und gleichen Zwecken besitzt wie Privatleute" (C. J. Berginus). Sie können sowohl in materiellen, als immate=riellen Gütern bestehen. Den Staat als Besitzer von Domänen nennt man Fiskus. Der Fiskus vertritt demnach gleichsam die privatrechtliche Seite des Staates.

Im übertragenen Sinne hat man auch das Staatsvermögen (Einkünfte) selbst oder einzelne Theile desselben Fiskus genannt. (Preuß. Allg. Land=Recht, Th. II. Tit. 14 § 1: „Alle Arten von Staatseinkünften werden unter dem Namen Fiskus begriffen.") (Demanium, domanium, Kasten= und Kammergüter).

II. Die Entstehung der Domänen.

(Die Reichsdomänen und die Landesdomänen; die Privat=, Schatull= oder Patrimonial=Güter.)

III. Die rechtliche Natur der Domänen.

In der älteren Zeit trat bei den Domänen noch mehr der Charakter als Privat= oder Stammgut des Fürsten hervor. Doch schon Hugo Grotius nennt sie ein „patrimonium populi" und Puffendorf, de J. nat. et. g. VIII. c. 5 § 8 sagt: „Ast eorum bonorum, quibus tolerantur sumtus in reipublicae con-servationem impendendi, nudam duntaxat administrationem habet rex."

(Bestimmungen des positiven Staatsrechtes einzelner Staaten, insbesondere hinsichtlich der Veräußerungs= und Belastungsbefugniß.

Das Edikt Friedrich Wilhelms I. vom 13. August 1713 über die Inalienabilität der preußischen Domänen; das Hausgesetz vom 17. December 1808.)

IV. Die Frage der Zweckmäßigkeit der Domänen.

1. Einleitung.

Die Frage, ob die Domänen überhaupt die geeignetste Form seien, den Staatsaufwand oder einen Theil desselben zu decken, läßt sich nicht allgemein beantworten, da hierfür die jeweiligen wirth= schaftlichen und politischen Verhältnisse eines Volkes maßgebend sind.

2. Die Gründe für Beibehaltung der Domänen.

Als solche hat man geltend zu machen gesucht:

a. Da durch die aus den Domänen gewonnenen Einnahmen ein Theil des Staatsbedarfs gedeckt werde, so sei es möglich, die Staatsangehörigen vor einer Ueberbürdung durch Steuern zu be= wahren.

b. Der Domänenbesitz sei nöthig, um Glanz und Ansehen des Fürstenhauses zu erhalten und insbesondere ein festes Band zwischen Souverain und Unterthan herzustellen (Haller u. A.).

c. Die Domänen seien ein geeignetes Kreditmittel in Zeiten der Noth.

d. Einzelne Kammergüter leisteten gute Dienste, um landwirth= schaftlichen Verbesserungen Eingang zu verschaffen und von jenen aus weiter zu verbreiten (Rau).

e. Die Hoffnung auf steigenden Ertrag und die Gewißheit, daß in Folge eines zu großen Angebotes die Preise der Domänen sinken würden, ließen schon aus finanziellen Rücksichten einen Ver= kauf derselben als unräthlich erscheinen.

3. Die Gründe gegen Beibehaltung der Domänen.

Als solche werden angeführt:

a. Die Regierung könne, auf die aus den Domänen erzielten Einnahmen gestützt und dadurch von den Ständen unabhängig ge= macht, sich leichter Uebergriffe gegen die Freiheiten des Volkes er= lauben.

(Die frühere Unterscheidung zwischen der Steuer= und der Kammerkasse und die constitutionelle Staatsverfassung.)

b. Das Interesse, welches der Staatsangehörige am Staate habe, werde dadurch abgeschwächt, wenn er keinen Beitrag zu den Staatsausgaben leiste.

c. Der Domänenbesitz mache öfter Collisionen der Pflichten, welche der Staat zu erfüllen habe, unvermeidlich.

(Das Domanialinteresse gegenüber dem Landesinteresse. — Der Grundsatz „in dubio contra fiscum.")

d. Er vermehre die Gefahren eines Krieges.

e. Der Staat sei — zumal bei intensiverer Wirthschaft — nicht im Stande, die Domänen so vortheilhaft zu bewirthschaften wie der Private und deshalb sei

f. eine Tilgung der Staatsschulden mittelst der durch den Verkauf zu erlösenden flüssigen Kapitalien geboten.

4. Vergleichung und Kritik dieser Gründe.

(Regeln, die im Falle eines Verkaufes zu beobachten sind. — Die Veräußerung kleinerer Parcellen. — Die Frage der Vermehrung der Domänen. — Domänen, welche von einer Veräußerung auszuschließen wären.)

V. Grundsätze der Bewirthschaftung der Domänen.

Als Ziel der Bewirthschaftung hat die Erstrebung eines möglichst großen Reinertrages zu gelten. Nur in dem Falle, wenn die Domänen neben ihrer Einträglichkeit gleichzeitig einem staatswirthschaftlichen Zwecke dienen, ist von jenem Principe so weit abzuweichen, als es die Erreichung dieses Zweckes erfordert.

(Der staats- und der privatwirthschaftliche Gesichtspunkt. Die Unzulässigkeit einer der obigen entgegengesetzten Annahme, die Centralisation und Decentralisation in der Domänenverwaltung.)

VI. Geschichtliches über die preußischen Domänen.

(Das Nähere hierüber im Vortrage.)

VII. Die Domänen im Einzelnen.

1. Feldgüter.

Die Bewirthschaftung derselben kann erfolgen:

A. in eigner Verwaltung. Dieselbe erweist sich gegenwärtig in der Regel als unzweckmäßig, da gerade von der Landwirthschaft, sobald sie nur einigermaßen intensivere Formen angenommen hat, ein verhältnißmäßig nur geringer Reinertrag zu erhoffen ist.

(Das Interesse der Beamten, die Instruktionen, Controlemaßregeln und die Benutzung der Conjuncturen u. s. w.)

B. in Gewährsadministration, welche das Interesse des Wirthschafters dadurch fesselt, daß demselben eine gewisse Quote von dem über eine bestimmte Summe hinaus erzielten Mehrertrage zuerkannt wird.

(Die Mängel der Gewährsadministration.)

C. durch Verpachtung. Die Pacht kann abgeschlossen werden:

a. für eine bestimmte kürzere oder längere Zeit (Zeitpacht),

b. auf Lebenszeit des Pächters (Vitalpacht) oder auf die Dauer von Generationen (Erbpacht).

(Die Vortheile der Zeitpacht. — § 2 Pos. 2 und § 5 des preuß. Gesetzes vom 2. März 1850, betr. die Ablösung der Real= lasten ꝛc., wonach die Vererbpachtung nicht mehr zulässig ist. — Das Intendanturjystem. — Die Pachtbedingungen; die Bemessung des Pachtschillings.)

2. Waldungen.

A. Als Gründe für Beibehaltung der Staatsforste insbesondere hat man, mit Ausnahme der bereits sub IV. 2 er= wähnten, angeführt:

a. Die Einfachheit der Bewirthschaftung, welche es dem Staate ermögliche, einen eben so großen Reinertrag aus den Wäldern zu erzielen, wie der Private. Erweist sich diese Behauptung als richtig, so wäre allerdings eine Veräußerung nicht erforderlich;

b. die Nothwendigkeit, die Forstwirthschaft der Privaten unter Aufsicht stellen zu müssen, damit dieselbe dem In= teresse der Gesammtheit angepaßt werde. Dieselbe läßt sich im Wesentlichen nur geltend machen für gewisse Ka= tegorien von Waldungen, welche einen vom Privatwirthe nicht weiter berücksichtigten günstigen Einfluß auf das Gesammtwohl ausüben, d. h. für die sogenannten Schutz= waldungen.

(Das Interesse des Staates, der Provinzen, Kreise und Gemeinden.)

Die übrigen Gründe, welche man für Beibehaltung der Staats= wälder geltend zu machen gesucht hat, sind, soweit sie nicht bereits oben unter IV. 2 erwähnt wurden, als unstichhaltig zu bezeichnen.

B. Bewirthschaftung der Staatswälder. Für die= selbe sind die oben unter V entwickelten Grundsätze maßgebend. Die Verpachtung der Waldungen ist wegen der Schwierigkeit der Kon=

trole (Erhaltung des dem Pächter übergebenen Vorraths) nicht zu=
lässig und daher die Selbstverwaltung am Platze.

(Der Verkauf der Produkte und die Kontrole. — Die öffent=
liche Auktion; die Taxe; der Verkauf aus der Hand. — Holzhöfe
und Holzmagazine ꝛc.)

(Das Nähere über die Forstwirthschaft in meiner Vorlesung
über Forstpolitik.)

3. Bergwerke, Hüttenwerke, Salinen und sonstige
Gewerks=Anlagen mit Einschluß der Kommuni=
cationsmittel (Eisenbahnen, Kanäle ꝛc.).

4. Gebäude.

Alle dem Staate gehörigen Gebäude, mögen sie direkt, indirekt oder
auch gar keinen Ertrag abwerfen, werden zu den Domänen gezählt.

(Die Wohnungen der Beamten.)

5. Das werbende bewegliche Vermögen (Geldkapital).

Die schwierige Veranlagung, die Nachtheile und Kollisionen,
welche dem Staate aus der Führung von Geldgeschäften erwachsen,
sowie das Vorhandensein von Schulden lassen es als räthlich er=
scheinen, nur so viel bereitestes Vermögen zu behalten, als zur
Bestreitung laufender Ausgaben und zur Sicherstellung gegen
plötzlich eintretende Eventualitäten eines unentbehrlichen Bedarfes
nöthig ist.

(Der Staatsschatz keine Einnahmequelle.)

Zweiter Abschnitt.
Die Regalien als Quellen von Staatseinnahmen.
I. Im Allgemeinen.
1. Begriff.

Unter Regalien verstand man früher alle sogenannten „Hoheits=
rechte" des Staates (Regalia majora und R. minora). (Gegen=
wärtig hat man die im Wesen des Staates liegenden „organischen
Hoheitsrechte", sowie diejenigen, welche der Staat in der Eigen=
schaft als Fiskus besitzt, ausgeschieden• und bezeichnet die übrigen
dem Staate ausschließlich zustehenden Rechte als Re=
galien. (Nach Umpfenbach „Fiskalvorrechte".)

In Preußen wird das gemeine Staatseigenthum von dem
besonderen unterschieden. (Allg. Land=Recht II, 14 §§ 21 u. 22.)

Als gemeines Eigenthum werden bezeichnet: Land= und Heer= straßen, von Natur schiffbare Ströme, die Ufer des Meeres und die Häfen, das Recht, gewisse Arten von herrenlosen Sachen in Besitz zu nehmen und Abzugsgelder zu fordern. Die Nutzungs= rechte dieser Arten des Staatseigenthums werden niedere Regalien genannt. (Allg. Land=Recht II, 14 § 24.)

2. Der Unterschied zwischen den Regalien und dem sonstigen Vermögen des Fiskus

besteht darin, daß sie „nicht als einzelne realisirte Berechtigungen, sondern als die ausschließliche Möglichkeit der Verwirklichung einer bestimmten Klasse von Rechten erscheinen und daß sie dem Staate nicht als zufälligem Subjekte, sondern dem Staate als solchem angehören" (Gerber, Privatrecht).

3. Der Zweck der Regalien

ist entweder

a. rein finanzieller Natur. Man nennt die dahin gehören= den Regalien gewöhnlich unwesentliche oder Finanzrega= lien (Staatsmonopole). Die Einnahmen, welche dieselben er= geben, gehören in die Kategorie der Steuern; die Kapitalien, auf welche die Ausübung der Regalien sich stützt, haben größten= theils die Natur der Domänen; das Recht selbst aber ist un= streitig ein „Regal";

b. oder sie besitzen insofern einen echt staatswirthschaft= lichen Charakter, als durch die Aufgebung derselben das Gemeinwohl gefährdet werden kann, indem das öffentliche und das Privat= interesse in Widerspruch gerathen (wesentliche Regalien).)

(Unzulänglichkeit der Begriffsbestimmung insbe= sondere mit Rücksicht auf die ursprüngliche Bedeutung des Wortes „Regal". Der vermeintliche Unterschied zwischen den wesentlichen Regalien und den obengenannten „organischen Hoheitsrechten" des Staates, z. B. „Recht der Besteuerung". Die unwesentlichen Re= galien und die Besteuerung.)

II. Einzelne Arten der Regalien.

1. Das Münzregal.

A. Begriff. Unter Münzregal versteht man das dem Staate ausschließlich zustehende Recht, Münzen zu bestimmen und dieselben entweder selbst zu prägen oder prägen zu lassen.

B. **Die Zweckmäßigkeit der Regalität.** Soll das Geld seinen Zweck vollkommen erfüllen, so müssen Nominalgehalt und Metallgehalt in einem fest bestimmten und bekannten Verhältnisse zu einander stehen. Die Prägung ist nichts weiter als eine Angabe und Beglaubigung dieses Verhältnisses.

(Die Garantie der Richtigkeit desselben und das Privatinteresse.)

C. **Die Ausübung der Regalität** kann erfolgen:

a. durch Concessionirung von Privaten. Die Nachtheile einer solchen machen aber

b. die Prägung durch Selbstverwaltung räthlicher.

D. **Bezüglich der Münzprägung zu beobachtende Regeln.**

(Der Schlagschatz, Begriff und Erhebung desselben. Das Remedium. Der Münzfuß, die Währung. Schrot und Korn. Scheide- und grobe Münze.)

2. Das Bergregal.

A. **Begriff.** Die Regalität gewährt dem Staate entweder das Eigenthum an jedem Berge, bez. das ausschließliche Recht zum Betriebe, oder sie besteht in gewissen Vorrechten des Staates vor den Privaten.

(Bergregal und Berghoheit.)

B. **Gründe für die Regalität.** Schon in früherer Zeit hatte sich das Bergeigenthum vom Grundeigenthum gesondert. Die in Folge dessen für den Bergbau nöthig gewordene Expropriation, ferner die Furcht, daß der Private durch Raubbau das Gemeinwohl schädige, sowie der Umstand, daß der Bergbau als eine geeignete Einnahmequelle betrachtet wurde, sind die Veranlassung, daß derselbe in vielen Staaten als Regal erklärt wurde.

C. **Geschichtliches.**

(Die Bergverfassungen und die Bergfreiheiten.)

D. **Einnahmen des Staates,** welche aus den von Privaten bebauten Bergwerken fließen, sind: a. der Bergzehnt, b. das sog. Quatembergeld; c. das Receßgeld; d. der Poch- und Hüttenzins; e. der Stollenneuntel; f. die nach den allgemeinen Grundsätzen der Besteuerung erhobenen Abgaben.

E. **Das Bergregal in Preußen.**

(Das Schürfen und Muthen, Eigenlöhner und Gewerkschaften, die Kuxen.)

3. Das Postregal.

A. Begriff. Das Postregal besteht in dem Rechte des Staates zur ausschließlichen gewerbsmäßigen Beförderung von Briefen, unter Umständen auch von gewissen Klassen anderer Gegenstände.

B. Gründe für die Regalität. Die Wichtigkeit des schriftlichen Verkehrs in geistiger und materieller Beziehung, die nöthige Concentration, Einheit, Schnelligkeit der Beförderung, sowie die unbedingte Zuverlässigkeit machen es wünschenswerth, daß wenigstens die Briefpost der Regalität unterworfen werde.

(Ausdehnung des Postverkehrs über das ganze Land. Berücksichtigung von Gegenden, in welchen die Kosten durch die Einnahmen nicht vollständig gedeckt werden.)

4. Sonstige Regalien.

Das Eisenbahn- und Telegraphenregal, Regal der Glücksspiele, Tabaksregal, das sogenannte Forst- und Jagdregal u. s. w.

Dritter Abschnitt.
Die Gebühren als Staatseinnahmen.

I. Begriff.

Gebühren sind die von den Bürgern für unmittelbare Regierungsleistungen erhobenen Vergütungen.

II. Unterschied der Gebühren von anderen Staatseinnahmen.

Die Höhe der Gebühren richtet sich nach der Größe der Leistung und nicht wie diejenige der Steuern nach der Zahlungsfähigkeit des Empfängers. Die Einnahmen, welche einzelne („wesentliche") Regalien abwerfen, gehören in die Kategorie der Gebühren. Der Unterschied der letzteren von den aus den Domänen fließenden Einnahmen beruht auf dem Gegensatze der staatswirthschaftlichen und der privatwirthschaftlichen (fiskalischen) Leistung.

III. Die Zweckmäßigkeit der Gebührenerhebung.

Da die Leistung auf eigenste Veranlassung des Empfängers erfolgt, so ist eine Vergütung durch den letzteren auch gerechtfertigt.

IV. Die Bemessung der Gebühren.

Die Natur der Gebühren verlangt, daß dieselben die Kosten nie übersteigen, vielmehr unter dem Betrage der letzteren gehalten werden, da die Leistung auch dem Ganzen zu Gute kommt und deßhalb ein Theil der Kosten billiger Weise durch Steuern zu decken ist. Die Gebühren nehmen häufig wegen ihrer Höhe den Charakter einer einseitigen Steuer an, wie die meisten Taxen für Anstellungen und Beförderungen, viele Gebühren der Rechtspflege und der Verwaltung, insbesondere aber die Erbschaftsgebühren (Collateralsteuern).

V. Erhebungsform.

Bei den meisten Gebühren ist die Anwendung des Stempels zulässig.

VI. Kritik einzelner Gebühren.

Die Erhebung des Wege- und Brückengeldes ist an und für sich gerechtfertigt, doch machen die Beschwerlichkeit und Kostspieligkeit der Erhebung, die unvermeidliche Hemmung des Verkehrs, so wie die große Zahl der nicht zu beseitigenden Defraudationen eine Aufhebung der genannten Gebühr wünschenswerth.

(Gebühren für Verleihung von Patenten, für die Benutzung von Beglaubigungsanstalten, wie Eichämtern, Probiranstalten ꝛc. Gebühren für Aufhebung von Beschränkungen (Dispensationen) und solche für Ausübung beschränkender Maßregeln.

Vierter Abschnitt.

Die Steuern als Staatseinnahmen.

Erster Titel.

Die Steuern im Allgemeinen.

I. Begriff.

Steuern sind Einnahmen des Staates, welche vom Einkommen der Staatsangehörigen nach Maßgabe ihrer Steuerfähigkeit erhoben werden (Auflagen, Schatzungen, Abgaben).

(Staats-, Provinzial-, Kreis- und Kommunalsteuern im Gegensatze zu den Beiträgen, welche die Mitglieder sonstiger juristischer Personen zur Erreichung ihrer Zwecke leisten.)

II. Der Zweck der Steuer

besteht lediglich in der generellen Deckung des Staatsaufwandes. Bei der Steuer wird — im Gegensatze zu den Gebühren — von einer Vergeltung des einzelnen Steuerzahlers zunächst abgesehen (Ordentliche und außerordentliche Steuern).

III. Geschichtliches.

Die Steuern hatten früher in Deutschland nicht diejenige Bedeutung, welche sie gegenwärtig besitzen. Sie dienten nicht zur Deckung des regelmäßigen Staatsbedarfs, sondern hatten nur einen subsidiären Charakter.

„Die Steuern", sagt V. L. v. Seckendorff in seinem „deutschen Fürstenstaate" von 1656, „seynd Extraordinar Anlagen und Einnahmen, welche, ihrer rechten Arten und Gelegenheit nach, freywillig, und als gutherzige Beysteuern, gereichet, und dahero auch in etlichen Orten Bethen, das ist, erbetene Einkünffte, anderswo auch Hülffen und Praesente genennet werden. Denn es hat, Gott Lob, in Teutschland, und denen meisten Christlichen Reichen, mit denen Unterthanen diese Gelegenheit, daß dieselbe nicht dürffen vor Leib-eigene Knechte gehalten, und also nach des EigenthumsHerren Willen, mit ihrem Gut und Blut gebahret werden." Wenn auch „auf vernünfftiges Begehren, treue Land-Stände ihrem Herrn nichts aus Händen geben, noch denselben in Landes- und seinen eigenen Nöthen hülfflos lassen, so bleibet es doch dero Berathschlagung und Einwilligung gestellet, wie viel, auff was Zeit und Weise, nach Gelegenheit der Fälle, und dero vorgedachten Motiven, auch ihres jedesmaligen Vermögens, sie ihrem Landes-Herrn an Geld oder Geldeswerth reichen oder geben wollen: Sie erlangen auch deßwegen Landes-Fürstliche Revers-Briefe, daß solche Bewilligung der Stände und Unterthanen, ihnen an ihren Freiheiten unnachtheilig seyn, und die bewilligte Summe künfftig zu keiner ordentlichen Beschwerung oder Auflage gereichen soll."

Als mit der Zeit der Staatsaufwand wuchs und die seitherigen Einnahmequellen sich verminderten, traten die Steuern mehr und mehr in den Vordergrund. Man machte bald einen Unterschied zwischen einer Kammerkasse und einer Steuerkasse. In die Kammerkasse flossen die Einkünfte aus den Domänen, Regalien und Gebühren. Dieselben wurden von der Regierung bestimmt, erhoben und verwaltet. Die Steuerkasse dagegen stand unter der Verwaltung oder unter der Aufsicht der Stände.

(Der Absolutismus des 17. und 18. Jahrhunderts und seine Besteuerungsgrundsätze. Colbert's Finanzpolitik. Der Uebergang zu einer wissenschaftlichen Behandlung des Steuerwesens.)

IV. Steuerpflicht und Steuerrecht.

Man hat das Besteuerungsrecht und die demselben correspondirende Pflicht der Staatsangehörigen in verschiedener Art und Weise zu begründen gesucht und zwar

1. durch die Annahme, dem Staate stehe ein Obereigenthumsrecht an sämmtlichen im Staatsgebiete vorhandenen Gütern zu, dem Unterthan dagegen nur das sogenannte dominium utile, für dessen Nutzung er die Steuer als Entgelt zahle.

(Kritik dieser Theorie. Unhaltbarkeit derselben.)

2. Man betrachtete die Steuer als Vergeltung für den Genuß der Vortheile der Staatsverbindung. Man nahm also den Genuß als Maßstab der Besteuerung an und stützte die letztere auf die heutigen Principien der Gebühren.

A. Der vom Staate gewährte Schutz als Maßstab.

Nach Hugo Grotius, Rousseau, Montesquieu ist die Steuer ein »emptae pacis pretium«. v. Justi will sie nach Proportion des Vermögens aufgelegt haben, weil der Schutz im Verhältniß zum Vermögen stehe.

B. „Die Vergeltungstheorie auf nationalökonomischer Basis" (Eisenhart).

Man dachte sich, der Staat wirke bei jeder Produktion in unsichtbarer Weise mit und es gebühre ihm deßhalb auch ein Theil vom Reinertrage. So bezeichnet Adam Müller den Staat als ein unsichtbares Geisteskapital, welchem die Steuer als Zins für den Einschuß seiner Schutz= und Pflegekräfte zukomme.

(Gründe, welche die Vergeltungstheorie als unzulässig erscheinen lassen.)

3. Die moderne Theorie.

Streng genommen läßt sich von einem Steuerrechte des Staates nicht sprechen. Denn „ein Recht für den Staat, als solchen, existirt nicht; die Heranziehung des Staatsangehörigen zur Deckung des Staatsbedarfs gründet sich lediglich auf die Machtstellung des Staates... Da derselbe die Zusammengehörigkeit von Menschen darstellt, so muß er nothwendig Gewalt über diese Menschen haben. Entweder liegt diese Zusammengehörigkeit im Willen der Menschen selber, dann ist die Macht von selber da, oder sie liegt nicht darin, dann kann sie mit Gewalt herbeigeführt werden. Macht ist also die Voraus=setzung des Staates. Aus diesem Grunde wird der Staat eine Erwerbsart wählen, welche seiner Machtstellung entspricht. Diese Erwerbsart ist die Besteuerung. Da er Gewalt über die Wirth=schaften im Staate hat, so entspricht es seinem individuellen Wesen mehr, die Menschen, deren Zusammengehörigkeit er darstellt, zu dem Staatszwecke beitragen zu lassen, als selbst Gewerbe zu treiben und sich in die Berufsstände zu reihen, über denen er, seiner Indivi=dualität nach, stehen soll" (A. Lindwurm). Zweck und Aufgabe des Staates ist die Ermöglichung einer echt menschlichen Existenz der Staatsangehörigen. Es liegt deshalb im eigenen Interesse der letzteren, nach Kräften zur Erhaltung des Staates beizutragen, zu=mal da-durch die Staatswirthschaft die Steuerfähigkeit derselben nicht vermindert, sondern im Gegentheil gehoben werden soll.

V. Maßstab der Besteuerung.

Die Vergeltungstheorie scheiterte an der Unmöglichkeit, die=jenigen Vortheile richtig zu ermitteln, welche dem Einzelnen aus dem Staatsverbande entspringen. Der Staat stellt sich als ein organisches Ganzes dar, und die Staatsangehörigen, welche mit ihrem ganzen Ich mit demselben verwachsen sind, erscheinen als integrirende Bestandtheile des Staates. Ein Jeder trägt nun das Seinige zum Bestand und zur Erhaltung des Staates bei, wenn seine Leistungen sich verhalten wie seine Leistungsfähigkeiten. Dem=nach ist dasjenige Steuersystem zweckmäßig und gerecht, welches einen Jeden nach Maßgabe seiner Steuerfähigkeit zur Deckung des Staatsbedarfs heranzieht.

Ueber die Art und Weise, in welcher die Steuerkraft richtig zu bemessen sei, bestehen im Wesentlichen zwei verschiedene Ansichten. Die Einen verlangen:

1. eine Progressionssteuer.

Sie nehmen an, daß die Steuerkraft nicht dem Einkommen proportional sei, sondern in einem größeren Verhältniß zunehme wie letzteres. Demnach würden von einem größeren Einkommen mehr Procente als Steuer genommen werden müssen, wie von einem geringeren (Montesquieu, Rousseau, Robespierre, Proudhon).

Gegen die Progressionssteuer spricht vorzugsweise der Umstand, daß eine richtige Bemessung des Steuersatzes unmöglich ist und demnach auch die beste Regierung keine Garantie gegen Willkürlichkeiten zu leisten vermag. Schon aus diesem Grunde verdient:

2. diejenige Steuer, welche dem Einkommen proportional ist,

den Vorzug vor der Progressionssteuer. „Das Haupt = Fundament in dieser Sache, welches die Natur selbst an die Hand gibt, ist, daß derjenige, welcher den Genieß einer oder anderer Einkunft hat, auch die Beschwerungen, nach rechter und gleicher Proportion, wie anders seine Mit = Unterthanen nach dem ihrigen tragen mögen" (B. L. v. Seckendorff).

Diese Vertheilung ist auch insofern gerechtfertigt, als ein Dritter, hier die Regierung, bei Bemessung der Aufwandsfähigkeit eines Anderen nur einen durchaus objektiven, nie einen subjektiven Maßstab anlegen darf.

(Das Existenzminimum. Die socialistischen Ideen. Die preußische und englische Einkommensteuer.)

VI. Allgemeine Grundsätze und Regeln der Besteuerung.

1. Zweckmäßigkeit und Billigkeit verlangen:

a. Die Steuern dürfen sich nicht höher beziffern, als es der Staatsbedarf unbedingt erheischt.

(Staatszweck, Plusmacherei und Ansammlung eines Staatsvermögens.)

b. Die Steuerpflicht ist als eine ganz allgemeine auszusprechen. Steuerexemtionen sind principiell unzulässig.

c. Als unverrückbares Ziel hat die Gleichmäßigkeit der Besteuerung zu gelten. Die auf den Steuerpflichtigen ruhende Belastung soll principiell eine gleichheitliche sein.

d. Da die wechselseitige Vermögenslage der Staatsangehörigen durch die Steuer nicht geändert werden darf, so muß jede Steuer so veranlagt werden, daß sie auch auf dem lastet, welcher sie zu tragen bestimmt ist.

e. Zweckwidrig ist jede Steuer, durch welche ein Erwerbszweig gestört wird.

f. Die Steuer darf nur vom Einkommen erhoben werden und das Kapital nicht angreifen.

(Merkmale, an denen zu erkennen, ob eine Steuer zu hoch sei.)

g. Unter sonst gleichen Umständen ist diejenige Steuer die beste, welche die Steuerzahler in Bezug auf Zeit und Art der Erhebung am wenigsten belästigt.

h. Unter denselben Umständen ist diejenige Steuer die vorzüglichere, welche die geringsten Erhebungskosten beansprucht. (Steuerpersonal, Unterschleif, Kontrole.)

2. Im Interesse eines geregelten Ganges der Staatsverwaltung ist es wünschenswerth:

a. daß der Ertrag voraus bestimmbar sei und auch sicher eingehe,

b. daß die Steuer in Zeiten der Noth einer Erhöhung fähig sei und der gewünschte Mehrertrag auch thatsächlich erfolge,

c. daß die Erhebung möglichst einfach sei.

VII. Das Objekt der Besteuerung.

I. Begriff.

Als geeignetes Objekt der Besteuerung hat dasjenige zu gelten, durch welches sich die Steuerfähigkeit dokumentirt. Dieselbe könnte erfaßt werden durch Besteuerung:

a. Des Vermögens,

b. der einzelnen Güterquellen und zwar sowohl der persönlichen als dinglichen („Faktorensteuern" nach Eisenhart),

c. des Gesammteinkommens, das jeder einzelne Staatsangehörige bezieht,

d. des Gesammtaufwandes, den derselbe treibt.

II. Kritik der verschiedenen Besteuerungsarten.

1. Die Vermögenssteuer.

Dieselbe hat die Nachtheile, daß

a. Vermögen und Einkommen nicht immer einander proportional sind, während doch das letztere getroffen werden soll,

b. daß sie viele Einkommenquellen gänzlich unbesteuert läßt,

c. daß nicht alle Vermögenstheile gegenständlich zu Tage liegen.

2. Die „Faktorensteuer".

a. Die Faktoren, aus welchen sich ein jedes Einkommen nach der Nationalökonomie zusammensetzt, sind:

α. Der Arbeitslohn,

β. der Kapitalzins,

γ. die Grundrente,

δ. der Unternehmergewinn.

2*

Könnte ein jeder dieser Bestandtheile des Einkommens durch die Besteuerung richtig erfaßt werden, so wäre insoweit den Principien der Besteuerung vollständig Genüge geleistet.

(Rohertrag, Reinertrag. Die Kosten des betreffenden einzelnen Erwerbszweiges und die sogenannten „Unkosten der Volkswirthschaft".)

b. Gegen die Faktorensteuer spricht:

α. Jene einzelnen Bestandtheile lassen sich in Wirklichkeit von einem Dritten nicht immer in der Weise ermitteln, wie es zum Zwecke der Besteuerung wünschenswerth wäre,

β. die genannte Steuer nimmt auf die Persönlichkeit zu wenig Rücksicht (Schulden).

3. Die allgemeine direkte Einkommensteuer.

Dieselbe trifft die gesammten Reineinnahmen, welche jährlich oder periodisch dem Steuerzahler zufließen und läßt demnach den Kapitalstock unbesteuert.

A. Vorzüge der Einkommensteuer.

a. Sie zieht alle Staatsangehörigen gleichmäßig zur Besteuerung heran.

(Das Existenzminimum und die Familienverhältnisse. Das abgeleitete und das wirkliche und mögliche Einkommen.)

b. Die Erhebung kann in solchen Raten und Zeiten stattfinden, daß der Steuerzahler nur wenig belästigt wird.

c. Die Erhebungskosten sind geringer als diejenigen anderer Steuern.

(Dagegen kleine Beträge.)

d. Der Ertrag ist sicher und voraus bestimmbar.

e. Sie läßt sich leichter augenblicklich erhöhen als andere Steuern und ist darum vorzüglich geeignet zur Deckung von Deficits.

B. Nachtheile der Einkommensteuer. Dieselben bestehen hauptsächlich in der Schwierigkeit, das Einkommen richtig zu ermitteln. Die genannte Steuer liefert deshalb in der Regel nur verhältnißmäßig geringe Ergebnisse. Die eigene Fatirung des Steuerzahlers ist unzuverlässig und die Einschätzung durch Fremde führt nicht zum wünschenswerthen Ziele, weil

a. Erwerbsquellen von gleicher Ergiebigkeit nicht gleich offen zu Tage liegen,

b. gleiche Erwerbsquellen nicht gerade ein gleich großes Einkommen abwerfen, zumal da Fleiß, Intelligenz ꝛc. bei dem Erwerbe eine Hauptrolle spielen, ohne jedoch bei der Einschätzung genügend berücksichtigt werden zu können,

c. die erforderliche Ausscheidung der Schulden nur schwer zu bewerkstelligen ist (das englische Verfahren), und endlich

d. weil viele derjenigen Momente, welche vorzugsweise eine Handhabe zur Beurtheilung des Einkommens bilden müssen, gerade nicht immer einen durchaus zutreffenden Schluß gestatten.

(Die Preußische Einkommensteuer.)

4. Die Konsumtions- oder Verbrauchssteuer.

Dieselbe wird von dem Aufwand erhoben, den der Steuerzahler treibt. Sie trifft indessen diejenigen Theile des Einkommens nicht, welche erspart, bez. kapitalisirt werden, und es wären demnach die Ersparnisse durch eine besondere Steuer, die sogenannte Kapitalisirungssteuer zu belasten.

(Dagegen Mill's Annahme einer Doppelbesteuerung.)

A. Man unterscheidet:

a. eine direkte Konsumtionssteuer, welche unmittelbar von Demjenigen erhoben wird, der sie zu tragen bestimmt ist;

b. und eine indirekte Konsumtionssteuer. Diese wird von einem Dritten in der Voraussetzung eingezogen, daß derselbe die Last auf Denjenigen überwälze, welchem sie von Seiten der Steuerbehörde zugedacht ist. Die Ueberwälzung würde in der Art erfolgen, daß die Preise der betreffenden Produkte um den Betrag der Steuer erhöht würden, so daß also der endliche Konsument in denselben die für ihn geleisteten Auslagen vergütete. Die indirekte Konsumtionssteuer kann erhoben werden.

α. am Erzeugungsorte des zu besteuernden Objektes, also vom Producenten (Fabrikaccise),

β. von Demjenigen, welcher das Gut zu Markte bringt. Geschieht dies

1. bloß im Umfang einer einzelnen Stadt (geschlossenen Ortes), so heißt die Steuer Thoraccise oder Marktgeld (Oktroi),

2. an den Grenzen eines Landes beim Eingang oder Ausgang der Waaren, so heißt die Steuer „Zoll".

c. Der Staat kann auch eine Konsumtionssteuer in der Art erheben, daß er sich den Alleinbetrieb eines einträglichen Gewerbes vorbehält (z. B. Tabaks= monopol).

B. Lichtseiten der Konsumtionssteuern.

a. Dieselben werfen einen verhältnißmäßig reichen Ertrag ab, zumal wenn sie auf solche Waaren gelegt werden, deren Genuß der Konsument trotz der Steuer nicht gern sich entzieht.

b. Sie lassen sich in der Regel ohne Rückstand und leich= ter beitreiben als die direkten Einkommensteuern.

c. Das Existenzminimum kann leicht dadurch von dem zu besteuernden Einkommen ausgeschieden werden, daß solche Waaren steuerfrei bleiben, welche die unterste Volksklasse zu ihrem Unterhalte benutzt.

d. Die so lästige Erforschung der Vermögensverhältnisse des Steuerzahlers, insbesondere der Schulden ist bei dieser Steuer nicht nöthig.

e. Für den Steuerzahler hat die Steuer die Annehmlich= keit, daß die Zahlung in Raten erfolgt und zwar immer dann, wenn er zahlungsfähig ist.

f. Der Zoll insbesondere hat noch den Vorzug, daß
α. seine Erhebung wenig Mühe und Kosten verur= sacht (Inseln),
β. daß dieselbe den inneren Verkehr wenig belästigt.

g. Von geringer Bedeutung sind die bisweilen als Vor= theile gerühmten Momente,
α. daß die Erhebung der indirekten Konsumtionssteuern dem Publikum aus den Augen gerückt sei,
β. daß die Steuer in den Fällen, in welchen sie nicht übergewälzt werden könne, häufig eine Verbesse= rung der Produktion veranlasse.

C. Schattenseiten der Konsumtionssteuer.

a. Der Ertrag ist nicht mit Sicherheit voraus bestimmbar und schwankend.

b. Gerade in den Zeiten der Noth sinkt die Ergiebigkeit vieler Konsumtionssteuern.

c. Die Steuer bietet großen Reiz zu Unterschleif und Fälschungen.

d. Es ist oft schwierig oder wenigstens sehr umständlich und kostspielig, die Halbfabrikate und fertigen Produkte richtig von einander zu scheiden, und kann deshalb leicht eine Doppelbesteuerung eintreten.
(Erhebung kurz vor dem Gebrauche, die Reclamationen.)

e. Da die Steuer nicht auf alle Verbrauchsgegenstände gelegt werden kann, so wird im einen oder anderen konkreten Falle eine Umgehung derselben dadurch möglich, daß der Genuß einer steuerbaren Waare mit demjenigen eines unbesteuerten Artikels vertauscht wird.

f. Die Accise insbesondere hat noch die Nachtheile:

α. daß sie Störungen des Verkehrs verursacht (Thoraccise),

β. wegen der steten Aufsicht den Gewerbebetrieb belästigt, ja selbst manche Verbesserungen hindert und

γ. verhältnißmäßig große Erhebungskosten beansprucht.

5. Die Verbindung der Faktoren- (Produktions-) und Konsumtionssteuern zu einem Steuersysteme.

Die Schwierigkeit, durch eine einzige der vorerwähnten Besteuerungsarten das Gesammteinkommen eines jeden Steuerpflichtigen richtig zu erfassen, vorzugsweise aber der Umstand, daß weder die Faktoren-, noch die Konsumtions- oder die allgemeine Einkommensteuer zur vollen Deckung des Staatsbedarfs zureichend waren, führten in praxi dahin, daß man jene Steuern in zweckmäßiger Weise mit einander zu verbinden und dadurch allen Anforderungen der Staats- und Privatwirthschaft zu entsprechen suchte. Lücken und Ungleichheiten bestrebte man sich durch Ergänzungssteuern und Zuschläge auszugleichen und den jeweiligen concreten Verhältnissen durch ausgedehntere Anwendung der einen oder der anderen Besteuerungsmethode entsprechend Rechnung zu tragen. Das vollständige Steuersystem umfaßt:

A. Produktionssteuern:

a. vom Kapital,

a. vom fixen Kapital,

1) Grundsteuer,

2) Häusersteuer,

β. vom beweglichen Kapital,
1) Kapitalrentensteuer
(Darleihkapital),
2) Gewerbesteuer
(Produktivkapital);
b. von der Arbeit,
α. Arbeit in Verbindung mit Kapital. Diese Steuer
trifft den selbstständigen Arbeiter,
β. Arbeit ohne Kapital (Lohn=, Personal=, Klassen=
und Kopfsteuer).
B. Konsumtionssteuern:
a. Fabrikaccise,
b. Thoraccise und Zoll.
C. Allgemeine Einkommensteuer, als Ergänzungs=
steuer, sowie als Mittel zur Deckung eines außerordentlichen
Bedarfs.

VIII. Die Ausführung der Besteuerung.

1. Die Einschätzung

der steuerpflichtigen Kapital= und Arbeitsrenten. Dieselbe ist eines
der wichtigsten, zugleich aber auch das schwierigste Geschäft der
Besteuerung, da die meisten Einkommenquellen nicht vollständig
offen zu Tage liegen, die eigene Fatirung aber unzuverlässig ist
und die Einschätzung durch eine Kommission nach allgemeinen
äußeren Anhaltspunkten nicht zu genauen Resultaten führt.
(Beispiele. Das Verfahren in England und Preußen. Die
Kombination der eigenen Fatirung mit der kontrolirenden Ein=
schätzung durch Dritte.)

2. Die Vertheilung

der erforderlichen Steuersummen müßte, wenn die Summe bestimmt
ist, nach Verhältniß der Steuerfähigkeit der einzelnen steuerpflichtigen
Klassen, bez. der einzelnen Glieder derselben erfolgen.
(Repartitionssteuer. Grundsteuer in Preußen. Quotitätssteuer
und Steuerfuß.)

3. Die Erhebung:

A. Der Ort der Erhebung. (Direkte und indirekte Steuer.
Die Erhebung in der Gemeinde.)
B. Das zu entrichtende Objekt besteht am zweckmäßig=
sten bei unseren heutigen Wirthschaftsverhältnissen in Geld.

(Die frühere Naturalwirthschaft. Die sogenannte versteckte Besteuerung.)

C. Als Erhebungszeit ist diejenige zu wählen, zu welcher die Zahlung ohne Nachtheile für die Staatskasse mit der geringsten Belästigung für den Steuerpflichtigen erfolgen kann. Sie würde je nach der Natur der Steuer verschieden sein.

(Termine und ratenweise Zahlung; Vorausbezahlung und Stundung, insbesondere bei einer Neukultur, wie Anlegung eines Waldes ꝛc. Die Pünktlichkeit der Zahlung und die Exekution.)

D. Organe der Erhebung.

 a. Steuerpächter. Sie wurden in früheren Zeiten vielfach benutzt. (Frankreich, Rom.) Die Willkürlichkeiten und Unzuträglichkeiten, zu welchen die Verpachtung führte, gaben jedoch Veranlassung, daß man
 b. eigene Beamte mit der Erhebung betraute und denselben entweder:
  α. eine fixirte Besoldung oder
  β. eine Tantième mit oder ohne Verbindung eines Fixums gewährte.

E. Die Sicherung der Steuerordnung. Dieselbe erfolgt durch Anlegung und Evidenthaltung der Steuerrolle (Kataster), in welcher die jeweiligen Zu= und Abgänge u. s. w. vermerkt werden. Bei einzelnen Steuern erfolgt eine Katastrirung ganz von selbst durch die Veranlagung, oder sie ist nicht so kostspielig, daß sie nicht auch in kürzeren Zeiträumen bei eintretenden kleineren Aenderungen vorgenommen werden könnte; bei anderen Steuern dagegen sind die Kosten einer Katastrirung so hoch, daß dieselbe trotz entstehender Ungleichheiten in der Besteuerung jeweilig erst nach längeren Perioden erneuert zu werden pflegt.

Provinzial= und Kommunalsteuern.

Die Provinz, der Kreis und die Gemeinde erscheinen als politische Verbände, welche in analoger Weise wie der Staat ihren eigenen Bedarf soweit, als ihr Specialvermögen nicht reicht, durch Besteuerung decken. Zur Auflegung einer Steuer bedarf es einer Bewilligung von Seiten des Staates und zwar ist dieselbe innerhalb einer gewissen Gränze schon ganz allgemein durch ein Gesetz zu gewähren. Eine Ueberschreitung dieser Gränze sollte ohne Einholung einer speciellen Genehmigung nicht erfolgen dürfen, eine Forderung, die auch in decentralisirten Staaten mit möglichst selbstständiger Kommunal= und Provinzialverwaltung am Platze ist. Eine Maximalgränze für die genannten Steuern, bez. das Ver= hältniß derselben zur Staatssteuer läßt sich im Allgemeinen nicht geben, da hierfür die Organisation des Staates und der erwähnten Körperschaften, sowie die politische Reise vorzüglich maßgebend sind. Die Verbrauchssteuern sind als Kommunalsteuern nicht sehr geeignet. Zweckmäßiger hierfür ist die allgemeine Einkommensteuer.

Zweiter Titel.
Die Steuern im Einzelnen.
I. Produktionssteuern.
1. Die Grundsteuer.
A. Im Allgemeinen.

a. Begriff. Die Grundsteuer oder besser Grundrentensteuer ist derjenige Betrag, welchen der Eigenthümer des Grund und Bodens vom Reinertrage des letzteren oder der Bodenrente als Bei= trag zur Deckung der Staatslasten zu entrichten hat.

„Die Einnahmen des Preußischen Staates, für welche im Laufe dieses Jahrhunderts die allgemeine Bezeichnung Grundsteuer üblich geworden ist, umfassen Abgaben, die in den verschiedenen Provinzen zu verschiedener Zeit aufkamen und verschiedene Namen hatten: wie Schoß in Ostpreußen; Kontribution in Westpreußen, Kurmark, Neumark, Magdeburg, Pommern, Schlesien; Lehnpferde= gelder in Ostpreußen, Pommern, Kurmark, Neumark, Magdeburg; Osiara und Rauchfanggelder in Posen; Schocksteuer, Kavallerie= gelder und Quatembersteuer in Sachsen; endlich Servis." (Bergius.)

b. Der Unterschied zwischen Grundsteuer und Grundlast. Jene ist durchaus staatswirthschaftlicher, bez. staats= rechtlicher Natur und ist nach den allgemeinen Grundsätzen der Be= steuerung allen Grundstücken aufzulegen. Die Grundlast dagegen ist privatrechtlicher Natur.

c. Das dingliche und das persönliche Moment der Grundsteuer. Letztere ist dinglicher Natur, wenn sie an die sogenannte natürliche Ertragsfähigkeit jedes einzelnen Grund= stückes angeschlossen wird; dagegen tritt das persönliche Moment mehr in den Vordergrund, wenn das betreffende Grundstück im Zusammenhange mit den gesammten wirthschaftlichen Verhältnissen des Eigenthümers betrachtet und lediglich der vom letzteren bezogene Reinertrag besteuert wird.

d. **Die Ueberwälzungstheorie und die landwirth=
schaftliche Produktionssteuer.** Wenn die Grundrente in
demselben Verhältniß besteuert wird wie das Einkommen aus allen
übrigen Erwerbszweigen, so ist eine Ueberwälzung der Last auf
Andere als die Grundeigenthümer nicht möglich. Es würde eine
Aenderung der Produktenpreise nicht eintreten. Bleiben dagegen
andere Erwerbsquellen unbesteuert, so übt die Grundsteuer den
gleichen Einfluß aus, wie eine proportionale Vermehrung der Be=
wirthschaftungskosten, bez. eine Verminderung des Reinertrags. Die
Preise der Grundstücke würden im entsprechenden Verhältniß zur
Steuer sinken und demnach bei einem Verkaufe die Steuerlast aus=
schließlich dem ursprünglichen Besitzer aufgebürdet bleiben, während
jetzt der Staat gleichsam als Inhaber eines dinglichen Rechts
(Grundsteuer als Grundlast) erschiene. Wird die Steuer nicht dem
Reinertrage proportional aufgelegt, sondern so hoch bemessen, daß die
Rente der minder ergiebigen Grundstücke absorbirt wird, so können
die letzteren nur noch dann in Angriff genommen werden, wenn
die Produktenpreise so hoch steigen, daß die Bewirthschaftung des
schlechtesten Grundstückes eben noch ohne Verlust zu erfolgen vermag.
In diesem Falle kann, je nach der Art der Grundsteuervertheilung,
die Last ganz auf die Konsumenten übergewälzt werden. Steigen
zwar die Preise, aber doch nicht so hoch, daß alle jene Ländereien,
deren seitheriger Reinertrag durch die Steuer absorbirt wird, wieder
in Angriff genommen werden können, so wird die Steuerlast zum
Theile durch die Grundeigenthümer, zum Theile durch die Kon=
sumenten getragen.

Die sogenannte landwirthschaftliche Produktionssteuer, welche
bisweilen neben der Grundsteuer aufgelegt wird, soll nicht die Bo=
denrente, sondern den etwa dem Pächter zufallenden Gewerbsver=
dienst treffen.

e. **Kritik und Rechtfertigung einer Besteuerung
der Grundrente.** Manche haben die Grundsteuer als unge=
rechtfertigt verwerfen zu dürfen geglaubt und sich zum Belege dieser
Ansicht theils auf die Carey'schen Angriffe gegen die Ricardo=
sche Rententheorie, theils auch darauf gestützt, daß die Grund=
steuer eine Extrabesteuerung sei, da ja der Eigenthümer des Bodens
schon durch die allgemeine Einkommensteuer nach Verhältniß seiner
Steuerfähigkeit getroffen werde. Der Carey'sche Versuch einer
Widerlegung der Ricardo'schen Theorie hat sich jedoch bis jetzt
noch nicht als stichhaltig erwiesen; der zweite Grund aber könnte
nur dann als zutreffend angesehen werden, wenn die Grundsteuer

die einzige Faktorensteuer des Steuersystemes wäre. So lange, als noch die Reinerträge anderer Erwerbszweige neben der allgemeinen Einkommensteuer mit erfaßt werden, würde eine einseitige Befreiung der Grundeigenthümer den übrigen Steuerzahlern gegenüber unge= recht sein.

f. Die Ansichten Stuart Mill's und die phy= siokratische „Einsteuer". Der Engländer Mill stellt die For= derung auf, daß der Staat alle diejenigen Erhöhungen der Grund= rente durch Besteuerung an sich ziehe, welche der Eigenthümer nicht als Folge seiner Thätigkeit erzielt habe. Diese Forderung ist un= gerecht, unzweckmäßig und undurchführbar. Sie ist ungerecht, weil dem Grundeigenthümer nicht ausschließlich zugemuthet werden darf, alle lediglich aus der Vergesellschaftung entspringenden Vortheile auch wieder der Gesellschaft zu Gute kommen zu lassen, während alle an= deren Staatsangehörigen ebenfalls im „Schlaf und ohne eine Hand anzurühren" einen Gewinn erzielen können. Außerdem müßte den Grundeigenthümern stets dann eine Entschädigung zu Theil wer= den, wenn die Rente in Folge äußerer Verhältnisse sinkt. Die Forderung ist unzweckmäßig, weil sie, in ihrer ganzen Konsequenz durchgeführt, den Bestand der Gesellschaft in Frage stellen oder doch wenigstens die hauptsächlichsten aus der Vergesellschaftung für den Einzelnen wie für das Ganze entspringenden Vortheile illusorisch machen würde. Sie ist endlich undurchführbar, weil eine Scheidung derjenigen Theile des Einkommens, welche lediglich der eigenen Thätigkeit zu verdanken sein soll, von den aus äußeren Verhältnissen herrührenden Theilen, thatsächlich unmöglich ist. Die Ch. Fou= rier'sche willkürliche Bestimmung des Aequivalentes, welche Jedem für seine Leistung zukommen soll, wird aber selbst von Mill nicht gut geheißen.

Die Mill'sche Idee eines „unverdienten" Gewinnes erinnert an die physiokratische Ansicht über die Grundrente (produit net) und die auf dieselbe basirte „Einsteuer". (Der Kommunismus und die Grundsteuer.)

g. Die Vorzüge der Grundsteuer. Letztere war von jeher vielfach beliebt, weil:

α. Die Erwerbsquelle und deren Ergiebigkeit sich nicht einem Dritten gegenüber verheimlichen läßt;

β. die Kosten der Erhebung nicht sehr beträchtlich sind, sobald einmal die Vermessung erfolgt ist und die Katastrirung in nicht allzu kurzen Zwischenräumen vorgenommen wird;

γ. die Erhebung den Steuerzahler nicht sehr belästigt;

δ. der Ertrag selbst in den Industrieländern ein verhält=
nißmäßig hoher ist.

h. **Die Ausführung der Besteuerung.** Die Anord=
nung der Grundsteuer erfolgt, nachdem vorher das **Kataster** an=
gelegt worden ist, entweder nach dem Kaufpreise der Grundstücke
oder nach dem Pachtschilling oder endlich nach dem unmittelbar er=
hobenen Roh= oder Reinertrag.

α. **Bei der Besteuerung nach dem Kaufpreise**
nimmt man an, daß derselbe dem Reinertrage des Bodens pro=
portional sei. Diese Annahme ist jedoch schon deswegen nicht
ganz zutreffend, weil der Grund und Boden häufig in Verbin=
dung mit anderen Erwerbsquellen veräußert wird. Der Preis
des Bodens ist außerdem auch noch veränderlich je nach der
Größe des Gutes (kleine Güter sind meist verhältnißmäßig theurer
als große), nach örtlichen und zeitlichen Verhältnissen (politische
Zustände, Krieg, Geldnoth 2c.) und nach der Beschaffenheit
des Kaufobjektes (gebundene Güter gegenüber den walzenden).
Die genannte Methode der Steuerveranlagung ist überhaupt
nur dann zulässig, wenn die Grundstücke öfter aus einer Hand
in die andere übergehen und die Mutationsbücher zur Ermittelung
des Kaufpreises genügend benutzt werden können. (Dagegen
staatliche Beschränkungen, Familienfideikommisse 2c.)

β. Die Besteuerung nach dem Pachtschilling,
welcher im großen Ganzen als der Grundrente gleichkommend
angenommen werden darf, ist nur dann anwendbar, wenn eine
genügende Zahl von Verpachtungen in bestimmten Perioden er=
folgt, wenn die Grundstücke isolirt verpachtet werden und wenn
außerdem die Höhe der Pachtsumme zu ermitteln ist.

γ. Gewöhnlich zieht man jenen beiden Methoden die direkte
Besteuerung nach dem Ertrage vor, indem man Kauf=
preis und Pacht als Anhaltspunkte zur Kontrolirung der Richtig=
keit der ermittelten Summe benutzt. Die Besteuerung nach dem

  1) Rohertrage ist nur bei sehr extensiver Wirthschaft zulässig.
  Bei intensiverer Wirthschaft ist die Steuer nur nach dem

  2) Reinertrage zu veranlagen.

δ. Die Ermittelung des Reinertrages erfolgt,
indem man den Durchschnitt der Fruchtpreise und der Bewirth=
schaftungskosten aus einer bestimmten Reihe von Jahren zieht und
beide Größen von einander subtrahirt. Streng genommen müßte
dies Verfahren bei jedem einzelnen Grundstücke durchgeführt wer=

ben. Da dies aber viel zu kostspielig und zeitraubend ist, so wählt man für jede einzelne Kulturart eines jeden Distriktes von gleichartigen Wirthschaftsverhältnissen eine bestimmte Anzahl von Mustergrundstücken aus, welche die verschiedenen vorkommen= den Bonitäten umfassen. Hierauf werden die Reinerträge dieser Mustergrundstücke ermittelt und die übrigen Grundstücke durch orts= und sachkundige Taxatoren in die einzelnen Klassen eingereiht.

ε. Die Dauer der Taxationsperiode und die Be= rücksichtigung außergewöhnlicher Kosten und Ertragseinbußen (Un= glücksfälle ꝛc.). (Das Nähere im Vortrag.)

B. Die Waldbesteuerung in Preußen.

Durch das Gesetz, betreffend die anderweite Regelung der Grundsteuer, vom 21. Mai 1861 wurde (§ 3) die Grundsteuer von den Liegenschaften für die gesammte Monarchie, mit Ausschluß der Hohenzollernschen Lande und des Jahde= gebietes vom 1. Januar 1865 ab auf einen Jahresbetrag von 10 Millionen Thaler festgestellt, welcher Betrag nach Verhältniß des zu ermittelnden Reinertrags der steuerpflichtigen Liegenschaften auf die einzelnen Provinzen und in diesen wieder auf die Kreise, Gemeinden und Grundstücke repartirt wird.

Nach § 4 bleiben von der Grundsteuer befreit:

a. Die dem Staate gehörigen Grundstücke;

b. die Domanialgrundstücke der vormals reichsunmittelbaren Fürsten und Grafen in dem am 30. Mai 1820 be= stimmten Umfange;

c. Gelände, welches zu einem öffentlichen Dienste oder Gebrauche bestimmt ist;

d. Brücken, Kunststraßen, Schienenwege der Eisenbahnen und schiffbare Kanäle, welche zum öffentlichen Gebrauche angelegt sind;

e. die seither von der Steuer befreiten Grundstücke der Kirchen, Schulen, milden Stiftungen ꝛc.

Nach § 10 hört die Steuerpflichtigkeit besteuerter Grundstücke nur mit deren Untergang oder dem Eintreten bleibender Ertrags= unfähigkeit auf (ausgenommen wenn sie in die Klasse der im § 4 zu a, c und d bezeichneten Grundstücke übergehen ꝛc.).

An gleichem Tage mit dem genannten Gesetze erschien eine: Anweisung für das Verfahren bei Ermittelung des Reinertrages der Liegenschaften.

Durch dieselbe wurde angeordnet:

a. Allgemeine Grundsätze.

§ 3. Als Reinertrag ist anzusehen der nach Abzug der Bewirthschaftungskosten vom Rohertrage verbleibende Ueberschuß, welcher von den nutzbaren Liegenschaften nachhaltig erzielt werden kann.

Der Kulturzustand der Grundstücke ist bei der zum Zweck der Ermittelung des Reinertrages stattfindenden Abschätzung durchweg als ein mittlerer (gemeingewöhnlicher) anzunehmen. Die mit den Grundstücken etwa verbundenen Realgerechtigkeiten bleiben bei der Abschätzung ebenso außer Betracht, als die etwa darauf haftenden Reallasten und Servituten.

§ 5. Hinsichtlich der Kulturarten sind zu unterscheiden: 1. Ackerland, 2. Gärten, 3. Wiesen, 4. Weiden, 5. Holzungen, 6. Wasserstücke, 7. Oedland.

Zu den Holzungen werden diejenigen Grundstücke gerechnet, deren hauptsächlichste Benutzung in der Holzzucht besteht.

§ 6. Für jeden landräthlichen Kreis, bez. Klassifikationsdistrikt wird ein Klassifikationstarif aufgestellt, welcher die verschiedenen im Kreise vorkommenden Kulturarten und deren Bonitätsklassen übersichtlich nachweist.

Die Zahl der zu bildenden Bonitätsklassen eines Kreises ist von den wesentlichen Verschiedenheiten in den Boden= und Ertrags=verhältnissen des Bodens abhängig, darf jedoch niemals mehr als acht betragen.

b. Ausführende Beamte und Kommissionen.

Bei der Abschätzung ist das leitende und das ausführende Personal zu unterscheiden. Für das ganze Land wird eine Central=kommission gebildet, welche den Klassifikationstarif festzustellen, über Rekurse seither bevorzugter Eigenthümer zu entscheiden und die end=giltige Feststellung der Abschätzungsresultate zu bewirken hat (§ 9—11). Mit der oberen Leitung des Abschätzungsgeschäftes innerhalb jedes Regierungsbezirkes wird ein besonderer Bezirkskommissar be=auftragt und unter dessen Vorsitz eine Bezirkskommission gebildet, welche u. A. die gleichmäßige Ausführung des Abschätzungswerkes in dem Regierungsbezirke zu überwachen, sich von den Boden= und wirthschaftlichen Verhältnissen genau zu unterrichten, bei Aufstellung der Klassifikationstarife mitzuwirken, die Abschätzungsarbeiten selbst zu prüfen hat 2c. (§ 11—13).

Die Leitung des Abschätzungswerkes für jeden landräthlichen Kreis wird einem Veranlagungskommissar übertragen, welchem zur Ausführung der Abschätzungsarbeiten eine Veranlagungskommission zur Seite steht (§ 14).

c. Verfahren bei Aufstellung der Klassifikationstarife.

§ 25. Es ist der mittlere Reinertrag für den Morgen jeder Bonitätsklasse der einzelnen im Kreise vorkommenden Kulturarten festzustellen.

§ 28. Für jede Bonitätsklasse einer jeden Kulturart sind aus allen in derselben Klasse vorkommenden Bodenarten Normal= oder Musterstücke in möglichst großer Anzahl aufzusuchen, welche dazu bestimmt sind, daß im Vergleich mit ihnen demnächst sämmt= liche Liegenschaften des Kreises nach ihrer Beschaffenheit und Er= tragsfähigkeit in den aufgestellten Klassifikationstarif eingeschätzt werden.

d. Verfahren bei der Einschätzung.

§ 35. Die Einschätzung der Gemarkung ist an Ort und Stelle mit steter Rücksicht auf die aufgestellten Musterstücke und nach Maßgabe der letzteren zu bewirken.

§ 37. Soweit es sich um die Einschätzung von Holzungen handelt, sind die Kommissionen befugt, Forstsachverständige zuzuziehen.

§ 39. Vorübergehende Benutzungsweisen der Grundstücke, welche nicht in der Lage und Natur des Bodens begründet sind, bleiben stets unberücksichtigt.

Jeder einzelne Waldkörper ist nach der durchschnittlichen Er= tragsfähigkeit seines Bodens und der dominirenden Holz= und Be= triebsart in der Regel zu Einer Bonitätsklasse ohne Rücksicht auf den Werth des zur Zeit der Abschätzung vorhandenen Holzbestandes einzuschätzen*). Finden sich in demselben aber zusammenhängende

---

*) Nach der technischen Anleitung des Finanzministers für Reinertrags= ermittelung der Holzungen vom 17. Juni 1861 soll die Einschätzung so er= folgen, als ob ein mittelmäßiger Holzbestand und ein normales Altersklassen= verhältniß für die konkrete Waldart in solcher Vollkommenheit vorhanden wäre, wie sie beim gewöhnlichen Forstbetriebe in regelmäßig bewirthschafte= ten Forsten im großen Durchschnitte gefunden zu werden pflegt. Da zu= nächst nur die Produktionsfähigkeit des Bodens als Anhaltspunkt zur Ein= schätzung dient, so soll, wenn in konkreten Fällen die Preise und die Be= wirthschaftungskosten höher oder niedriger sich beziffern, als die angenommenen Durchschnittssätze, eine Einreihung in die entsprechend höhere oder niedere Tarifklasse stattfinden.

Flächen von mindestens Einhundert Morgen Umfang, welche nach Boden und Waldart und nach den sonstigen den Reinertrag bestimmenden Verhältnissen sehr erheblich von einander abweichen, so können mehrere Bonitätsklassen angenommen werden.

e. Allgemeine Grundsätze bei Abschätzung des Reinertrags der Liegenschaften.

§ 1. Specieller Reinertrags-Berechnungen bedarf es behufs Aufstellung des Klassifikationstarifs für den Kreis, beziehungsweise Klassifikationsdistrikt nicht. Die Veranlagungskommission hat sich jedoch bei Entwerfung des Tarifs alle Momente, welche auf den Reinertrag der Grundstücke in den verschiedenen Theilen des Kreises von Einfluß sind, zu vergegenwärtigen; durch Vergleichung der im Kreise vorhandenen besten Grundstücke aller Kulturarten mit den schlechtesten abzuwägen, welche Mittelklassen noch anzunehmen sind und in wie viel Bonitätsklassen daher mit Rücksicht auf die allgemeine Beschränkung derselben überhaupt jede Kulturart eingetheilt werden muß, um die wesentlichen im Kreise vorkommenden Ertragsverschiedenheiten der Liegenschaften möglichst zutreffend zu erfassen.

§ 2. Die Tarifsätze für die einzelnen Bonitätsklassen der verschiedenen Kulturarten sind angemessen abzustufen und dergestalt festzustellen, daß mit Anwendung derselben auf die betreffenden Grundstücke der mitlere Reinertrag der letzteren, unter Voraussetzung einer gemeingewöhnlichen Bewirthschaftungsweise, d. h. derjenige Reinertrag erfaßt wird, welchen dieselben nach Abzug der nothwendigen Gewinnungs- und Bewirthschaftungskosten, im Durchschnitt einer die gewöhnlichen Wechselfälle im Ertrage umfassenden Reihe von Jahren jedem Besitzer gewähren können.

§ 4. Die Angemessenheit der Tarifsätze ist unter Anderm auch durch Vergleichung mit den gewöhnlichen Kauf- und Pachtwerthen der Grundstücke, d. h. mit denjenigen Preisen zu prüfen, welche ein verständiger, mit dem gewöhnlichen Betriebskapital ausgerüsteter Käufer oder Pächter für den Morgen Landes mittlerer Qualität der betreffenden Bonitätsklassen und Kulturarten in der Hoffnung zu zahlen pflegt, die landesüblichen Zinsen von dem Kaufpreise oder die Pachtzinsen heraus zu wirthschaften.

§ 5. Kommen im Kreise, beziehungsweise im Klassifikationsdistrikte Massen von solchen Grundstücken vor, welche der Aufwendung besonderer Kosten dauernd bedürfen, um in dem Zustande ihrer Ertragsfähigkeit, in welchem sie sich befinden, erhalten zu werden, so ist bei Feststellung des Klassifikationstarifs hierauf Rücksicht zu nehmen und der Tarifsatz für solche Grundstücke so zu bestimmen, daß die bezeichneten Kosten in demselben ihren Ausdruck finden (Ufern, Deiche, Ent= und Bewässerungsanstalten 2c.).

Dagegen bleiben die Zinsen von den Anlagekapitalien der= artiger Anstalten bei Abmessung der Tarifsätze für solche Grund= stücke, gleichviel ob das Kapital bereits bezahlt ist oder noch be= zahlt, beziehungsweise verzinst und amortisirt werden muß, ganz außer Betracht.

§ 9. Die Tarifsätze bei Holzungen sind nach der Produktions= fähigkeit des Bodens und den sich vorfindenden dominirenden Holz= und Betriebsarten, mit Berücksichtigung der Umtriebszeit, mit einem Abzuge für mögliche Unglücksfälle (Nach der technischen Anleitung des Finanzministers vom 17. Juni 1861 sind vom Rohertrage der Hochwaldungen $1/5$ bis höchstens $1/2$ für gew. Unvollkommen= heiten und mögliche Unglücksfälle in Abzug zu bringen.) und unter Abrechnung der Kosten der Verwaltung, des Schutzes, der Holz= hauer=, Rücker= und Fuhrlöhne und der nothwendigen Kulturkosten, nach Maßgabe der in der allgemeinen Klassifikationsskala aufge= führten Ertragssätze, festzustellen. (Diese Ertragssätze steigen von 1 Silbergroschen aufwärts Anfangs um je 1, später um 3, 6 und 9 und von 90 Silbergroschen ab um je 15 Silbergroschen.)

§ 10. Maulbeer=, Kastanien= und Weidenanpflanzungen 2c. sind nach ihrem wirklichen Reinertrage entweder in eine der für den Kreis, beziehungsweise Klassifikationsdistrikt aufgestellten Holz= klassen einzureihen, oder es sind, falls letztere dazu nicht ausreichen, und solche Grundstücke in größerem Umfange vorkommen, eine oder mehrere besondere Klassen der Holzungen für dieselben zu bilden, jedoch ohne die zulässige höchste Zahl von acht Holzklassen zu über= schreiten.

§ 11. Auf einzelne gemeine Bäume (Waldbäume), womit Grundstücke besetzt sind, ist bei der Abschätzung nicht zu rücksich= tigen, die Bäume mögen den Ertrag der Grundstücke vermehren oder vermindern.

§ 12. Torfgräbereien sind, ohne Rücksicht auf die Torf= nutzung, je nach ihrer Lage und Beschaffenheit, in die entsprechen= den Acker=, Wiesen= oder Weideklassen einzuschätzen.

2. Die Gebäudesteuer.

Dieselbe wird von dem aus Bauplatz und Baukosten fließen= den Einkommen erhoben, wobei es gleichgiltig ist, ob dies Ein= kommen direkt durch eigene Ausnutzung der Wohnung genossen oder in Form einer Miethe bezogen wird. Die Steuer kann regulirt werden: 1. nach der Grundfläche (kein zweckmäßiges Verfahren), 2. nach dem Kaufpreise (nur in Städten anwendbar, wo viele Verkäufe stattfinden), 3. nach Maßgabe der bewohnbaren Räumlichkeiten, 4. nach dem Miethsertrage (hierbei kommen die Unterhaltungskosten in Abzug; auf dem Lande, wo seltener vermiethet wird, nicht anwendbar), oder endlich 5. nach den Baukosten (auf dem Lande, wo die Bauart eine gleichmäßigere ist, am zweckmäßigsten).

(Herd=, Fenster= und Thürsteuer.)

In Preußen sind durch das Gesetz, betreffend die Einführung einer allgemeinen Gebäudesteuer vom 21. Mai 1861 von der Steuer befreit: die dem Staate, Provinzen, Kreisen, Gemeinden gehörigen, zu einem öffentlichen Dienst oder Gebrauch bestimmten Gebäude; gottesdienstliche Gebäude; Gebäude, die zum öffentlichen Unterrichte dienen, unbewohnte Gebäude, welche nur zum Betriebe der Landwirthschaft bestimmt sind u. s. w.; ferner solche zu gewerblichen Anlagen gehörigen Gebäude, welche nur zur Aufbewahrung von Brennmaterialien und Rohstoffen u. s. w. dienen.

3. Die Kapitalrentensteuer.

Dieselbe wird von dem aus baarem Kapitale (Leihkapital) fließenden Einkommen erhoben. Sie läßt sich durch die Gewerbesteuer allein nicht aufbringen, da viele Kapitalien in Staatspapieren angelegt oder in's Ausland verliehen sind 2c. Aus diesem Grunde ist neben den übrigen Faktorensteuern auch eine besondere Besteuerung der Leihkapitalien am Platze. Durch dieselbe wäre leicht zu treffen das Einkommen aus Staatspapieren, aus hypothekarisch verliehenen Geldern, sowie das der Stiftungen, Korporationen und Minderjährigen; schwerer dagegen wären zu belangen die in's Ausland und auf persönlichen Kredit verliehenen Kapitalien. Dieser Umstand, sowie die Scheu vor dem erforderlichen Eindringen in die Vermögensverhältnisse der Gläubiger und Schuldner waren die Veranlassung, daß man auf eine gesonderte Besteuerung verzichtete und die Zinsen der Baarkapitalien in der allgemeinen Einkommensteuer zu erfassen suchte. Dieser Verzicht steht indessen mit den Grundsätzen einer gerechten und billigen Besteuerung im Widerspruch.

In England wird das ganze Einkommen der Gewerbtreibenden ohne Berücksichtigung der Schulden besteuert und diesen dafür gesetzlich die Befugniß ertheilt, ihren Gläubigern die betreffenden Steuertheile an den Zinsen in Abzug zu bringen.

4. Die Erwerbesteuern.

Durch die Erwerbesteuern soll das aus der Arbeit fließende Einkommen getroffen werden. Sie wird auf Gewerbe, Handelsgeschäfte und persönliche Dienstleistungen gelegt und zerfällt in

A. die Lohnsteuer, welche auf Dienstleistungen oder Hilfsarbeiten lastet, die mit nur wenigem oder gar keinem Kapitale verknüpft sind. Eine „Extrabesteuerung" des Arbeitslohnes neben Auflegung einer allgemeinen Einkommensteuer ist gerechtfertigt, so lange überhaupt das Princip der Faktorensteuer nicht aufgegeben wird (das Existenzminimum, die Beamtengehalte).

Zur Kategorie der Lohnsteuer gehören die meisten sogenannten Personalsteuern, wie die früher vielfach üblichen, aber verwerflichen Kopfsteuern, ferner die etwas gerechtere aber dennoch unzulässige „Klassen- und Rangsteuer".

B. Die Gewerbesteuer. Durch dieselbe werden die selbstständigen Gewerbsunternehmer zur Besteuerung herangezogen. Sie soll den denselben zukommenden Arbeitslohn, bez. Gewerbsverdienst treffen, erfaßt jedoch in einzelnen Staaten neben denselben noch die Zinsen der im Gewerbe steckenden Kapitalien (England).

Die Entrichtung der Gewerbesteuer knüpft sich entweder an die Befugniß zum Gewerbebetriebe (Methode der Patentirung) oder es wird direkt das Einkommen der einzelnen Gewerbtreibenden in analoger Weise wie die Grundsteuer ermittelt. In letzterem Falle dienen als allgemeine Anhaltepunkte zur Ermittelung der Steuerfähigkeit: die Größe des im Gewerbe verwandten firen, sowie diejenige des erkennbaren beweglichen Kapitales, die Zahl der thätigen Gehilfen, sowie der Umfang des regelmäßigen Absatzes.

II. Konsumtions- oder Aufwandssteuern.

1. Allgemeine Regeln.

A. Die Steuer darf nicht blos entbehrliche Güter treffen, weil hierdurch der Zweck der Steuer, die Deckung des Staatsbedarfs, nicht sicher erreicht wird. Aus ähnlichem Grunde sind

B. die sogenannten Lurussteuern, durch welche eine Einschränkung des Genusses erzielt werden soll und die ihre Bestimmung um so mehr erfüllen, je weniger sie eintragen, keine für finanzielle Zwecke geeignete Steuern. (Prohibitivzölle.)

C. Wegen der verhältnißmäßig hohen Erhebungskosten sind nur wenige und ausgiebige Artikel als Steuerobjekte zu wählen und zwar in der Art, daß jede Hauptverbrauchsart, bez. jede Klasse der Konsumenten in entsprechender Weise getroffen wird.

D. Die Erhebung soll möglichst nahe beim Uebergang der Waare an den Konsumenten erfolgen, damit nicht der Preis durch die Zinsen der vorgeschossenen Steuersumme erhöht zu werden braucht. (Verlust wegen Schwindens und Eintrocknens.)

E. Unter sonst gleichen Umständen ist dasjenige Steuerobjekt zu wählen, bei welchem eine Defraudation am wenigsten zu be= fürchten ist. Auch darf die Steuer zur Verhütung des Schmuggels nicht allzu hoch bemessen sein.

F. Oeftere Aenderungen der Besteuerung sind möglichst zu vermeiden.

G. Wird ein im Inland erzeugtes Produkt besteuert, so müssen auch die vom Auslande eingeführten Waaren von derselben Gattung in entsprechender Weise belastet werden.

2. Im Inlande erzeugte und verzehrte Güter.

Dieselben werden entweder getroffen

A. durch indirekte Besteuerung, wie z. B. Getreide, Fleisch, geistige Getränke, Salz, Zucker, Tabak ꝛc. oder

B. durch direkte Besteuerung. Dieselbe trifft meist die sogenannten Luxusartikel und wird vielfach empfohlen, um das Einkommen der höheren Klassen richtig erfassen zu können. So spricht z. B. Mill für eine Besteuerung von Reitpferden und Kutschen ꝛc. mit rasch aufsteigenden Progressionssätzen. (Colbert's Grundsätze.)

3. Waaren, die nach dem Auslande exportirt oder von da importirt werden.

A. Arten der Zölle. Man unterscheidet

a. je nach dem Bestimmungsort der besteuerten Artikel

α. den Eingangszoll, (Einfuhr=, auch oft Konsumozoll genannt). Derselbe wird von solchen Waaren erhoben, die im Inlande eingeführt we den;

β. den Ausgangszoll, welcher die ausgeführten Güter trifft;

γ. den Transitzoll, der auf solche Waaren gelegt wird, welche im Lande ein = und auch wieder aus= geführt werden. Das Inland spielt hier nur die Rolle eines Handelsweges;

b. je nach dem Zwecke der erhobenen Abgabe

α. Finanzzölle, welche ausschließlich die Bestimmung haben, dem Staate eine Einnahme zu verschaffen. Für dieselben sind die allgemeinen Grundsätze der Besteuerung maßgebend;

β. Zölle, welche zu einem anderen Zwecke dienen und bei denen die Einnahme nur accidenteller Natur ist. Diese Zölle erfüllen meistens ihren Zweck dann am besten, wenn sie wenig oder gar Nichts eintragen. Hierher gehören:

1) Die Prohibitivzölle. Dieselben sollen den Ein- oder Ausgang von Waaren überhaupt verhindern und werden daher so hoch bemessen, daß eine Konkurrenz der besteuerten Waaren mit denen, welche unbesteuert bleiben, unmöglich wird. (Die Principien der Merkantilisten.)

2) Die Schutzzölle. Dieselben haben die Bestimmung, die Konkurrenz von Gütern, welche mit verhältnißmäßig hohen Kosten producirt werden, mit solchen Gütern zu ermöglichen, welche billiger herzustellen sind. Die einzuführenden Waaren werden so hoch besteuert, daß sie eben so theuer zu stehen kommen, wie die im Inlande producirten Artikel (Carey, List, Bastiat ꝛc.). Die gleiche Tendenz wie der Einfuhr-, kann auch der Ausfuhrzoll haben.

3) Die Differentialzölle. Bei denselben wird entweder eine Waarenart höher besteuert, als eine andere von derselben Gattung (Rohrzucker gegenüber dem Runkelrübenzucker), oder es werden Artikel, die aus einem begünstigten Lande kommen, weniger hoch belastet als die eines anderen Landes.

4) Die Retorsionszölle. Die Zölle erhalten diesen Namen, wenn der Staat durch Auflegung derselben Retorsionsmaßregeln gegen das dem Inlande unvortheilhafte Zollsystem fremder Staaten ergreifen will.

5. Rückzölle (draw—backs), eine Rückvergütung für auszuführende Waaren, von welchen bei der Einfuhr oder bei der Darstellung im Inlande bereits eine Abgabe entrichtet wurde.

B. Vergleichende Kritik der vorbenannten Zölle.

Der Transitzoll ist wohl allgemein als unzweckmäßig aufgehoben

(Sundzoll). An seine Stelle tritt eine Vergütung für Benutzung der Kommunikationsmittel. Der **Ausfuhrzoll** kommt als wenig einträglich und der inländischen Industrie nicht förderlich nur in sehr beschränktem Maße zur Anwendung. Um so mehr ist der **Einfuhrzoll** beliebt, zumal bei solchen Waaren, die im Inlande nicht erzeugt und in großen Mengen importirt werden (Kaffee, Thee, überhaupt die sogenannten Colonialwaaren). Die **Rückzölle** haben den bedeutenden Nachtheil im Gefolge, daß sie zu Unterschleif Veranlassung geben und ihre Erhebung bez. Ausbezahlung sehr kostspielig und für die Producenten lästig ist. (Kontrole.)

(Die Schutzzöllner und die Freihändler).

C. **Die Erhebung.** (Freihafen, Freilager, Zollämter). (Näheres im Vortrag.)

Dritter Theil.

Von den Maßregeln und Mitteln zur Deckung eines außerordentlichen Staatsbedarfs.

I. Begriff.

Als außerordentlicher Staatsbedarf ist derjenige zu betrachten, dessen rechtzeitige, bez. vollständige Deckung bei Aufstellung des Budgets nicht vorgesehen werden konnte. Da in Folge dessen die bei Eintritt des Bedürfnisses der Regierung zur Disposition stehenden, schon zu anderen Zwecken bestimmten Einnahmen sich als unzureichend erweisen, so hat man auch

II. außerordentliche Mittel

zur Deckung des Bedarfs in Anwendung zu bringen. Als solche sind zu bezeichnen:

1. Die Erhebung neuer Abgaben

oder die Erhöhung bereits bestehender. Dieses Mittel wird in neuerer Zeit von mehreren Vertretern der Finanzwissenschaft warm empfohlen, weil es Veranlassung gebe, die Verwendung der Steuern strenger zu kontroliren und bezüglich der Zustimmung zu Maßregeln, welche größere Ausgaben verursachen, vorsichtiger zu sein; weil ferner jedes Anlehen doch nur von dem bereits vorhandenen Kapitale des Volkes entnommen werden könne und jede Mehrausgabe in letzter Instanz einzig und allein durch Steuern gedeckt werden müsse.

2. Der Verkauf von Staatsgütern.

Dieses Mittel ist natürlich nicht nachhaltiger Natur und in Zeiten dringender Noth kaum empfehlenswerth, weil dann der Erlös zu gering ausfällt. Ist die Bewirthschaftung von Seiten des Staates eine schlechtere als diejenige der Privaten und dienen die Domänen außerdem keinem anderen wichtigen staatswirthschaftlichen Zwecke, so ist ohnedies der Verkauf auch schon in guten Zeiten räthlich. Der durch denselben bewirkte Ausfall an Staatseinnahmen hat eine entsprechende Erhöhung der Steuern zur Folge.

3. Die Verwendung des Staatsschatzes.

Die Anlegung eines Staatsschatzes war in früheren Zeiten, als der Verkehr noch nicht so ausgebildet war, mehr am Platze wie gegenwärtig, wo sie dem Volke zu bedeutende Opfer auferlegt. Dagegen ist eine Bereithaltung von Mitteln für solche Fälle räthlich bezw. nothwendig, in welchen eine anderweite Beischaffung als zu schwierig, kostspielig oder aus irgend welchen Gründen überhaupt als nicht zweckmäßig erscheint. (Mobilmachung.)

4. Die erzwungenen Anlehen.

Dieselben sind größtentheils als unmoralisch und dem Gemeinwohle schädlich zu verwerfen. So z. B. die mißbräuchliche Einziehung von Bankkapitalien, Prägung schlechter Münzen, Emission einer übermäßigen Menge von Papiergeld u. s. w. In die Kategorie der erzwungenen, jedoch unter Umständen unvermeidlichen Anlehen gehören noch: die temporäre Einstellung fälliger Zahlungen, die Anticipationen und die Ausstellung von Staatskreditzetteln (Bons, Schatzkammerscheine).

5. Die freiwilligen Anlehen.

A. Als Unterlage zur leichteren Bewerkstelligung solcher Anlehen dienen:

    a. die Verpfändung von Staatsgütern oder die Anweisung der Gläubiger auf bestimmte Einnahmequellen des Staates,

    b. der allgemeine Staatskredit, welcher um so wirksamer ist, je größer die Hilfsmittel des Volkes sind und je mehr Vertrauen die Regierung genießt. (Die Repudiationen, die Arrossirung.)

B. Die Kontrahirung des Anlehens erfolgt entweder:

    a. direkt mit den einzelnen Gläubigern (aufgelegtes Anlehen, Subskription), oder

    b. durch Vermittelung eines Bankhauses, bez. eines Konsortiums, welches sämmtliche zum Verkaufe ausgebotene

Renten oder Obligationen gegen augenblickliche oder fristenweise Zahlung des baaren Kapitales übernimmt und die Scheine dann weiter veräußert (Negotiation oder Summission).

C. Der Preis der Kreditpapiere hängt wesentlich vom Kredite des Staates, der vorhandenen Menge flüssigen Kapitales und den gestellten Bedingungen ab. (Die Coursschwankungen über und unter pari; der nominelle und der wirkliche Zinsfuß, die Papiere au porteur gegenüber denen, welche auf Namen lauten.)

III. Die Staatsschuldentilgung.

Zu unterscheiden sind:

1. **Die schwebende, unfundirte Schuld,**

dette flottante, welche als ein vorübergehendes Deficit in den Staatsausgaben zu betrachten ist und demnächst durch sicher eingehende Deckungsmittel zum Verschwinden gebracht wird,

2. **Die fundirte Schuld,**

bei welcher jenes nicht der Fall ist. Diese Schuld kann sein:

A. eine von beiden Seiten auffündbare. Eine solche ist nicht empfehlenswerth.

B. eine von beiden Seiten unauffündbare und zwar

  a. mit festem Rückzahlungstermine. Hierher gehören:

    α. Die temporären oder Zeitrenten, wie die eigentlichen Zeitrenten, die Leibrenten, die Tontinen.

    β. Die Lotterieanlehen.

    γ. Die Obligationen, bei denen ein Tilgungstermin festgesetzt ist.

  b. ohne Rückzahlungstermin (ewige Rente).

C. eine nur vom Staate, nicht aber auch vom Schuldner jederzeit auffündbare. Die Tilgung kann erfolgen, indem

  a. jährlich aus den laufenden Einnahmen eine konstante Summe oder

  b. ein bestimmter Kapitaltheil nebst den jeweiligen Zinsen des verbleibenden Restes der Tilgungskasse überwiesen wird (sinking found)

  c. oder endlich indem die Mittel zur Tilgung verwandt werden, sobald sie hierzu eben flüssig gemacht werden können. Die Tilgung geschieht dann dadurch, daß der Staat *α.* einen den bereiten Mitteln entsprechenden Theil der Obligationen zur Rückzahlung direkt kündigt (Auslosen der Staatsschuldbriefe) oder daß er

β. auf der Börse bei einem für ihn günstigen Kurse die Obligationen durch Agenten allmählich aufkaufen läßt.

IV. Die Verwaltung der Staatsschulden

wird gewöhnlich einer eigenen Behörde überwiesen. Der Uebersichtlichkeit halber, sowie zur Erleichterung der Finanzverwaltung werden am zweckmäßigsten, wenn es irgend möglich ist, sämmtliche Schulden in einer Masse zusammengezogen (die Convertirung).

Vierter Theil.
Die Organisation des Finanzwesens.

Hier sind abzuhandeln

I. Die Behörden.

Dieselben sind disponirende, ausführende oder controlirende (Finanzministerium, Centraldirektionen, Lokalbestandverwaltungen, Buchhaltereien, Rechnungskammern ꝛc.).

II. Der Finanzanschlag,

welcher zur Aufstellung des Etat-Entwurfes aus den Specialanschlägen zusammengesetzt wird.

III. Die Kassenverwaltung.

(Buchführung, Belegführung, Controle ꝛc.)

Druck der Lehmann'schen Buchdruckerei, Dresden.